AF662549

हर क़िस्सा अधूरा है

[ग़ज़ल/नज़्म]

हर क़िस्सा अधूरा है

राज कुमार सिंह

राधाकृष्ण प्रकाशन

ISBN : 978-81-8361-978-3

हर क़िस्सा अधूरा है

© राज कुमार सिंह

पहला संस्करण : 2020

मूल्य : ₹350

प्रकाशक
राधाकृष्ण प्रकाशन प्राइवेट लिमिटेड
जी-17, जगतपुरी, दिल्ली-110 051
शाखाएँ : अशोक राजपथ, साइंस कॉलेज के सामने, पटना-800 006
पहली मंजिल, दरबारी बिल्डिंग, महात्मा गांधी मार्ग, इलाहाबाद-211 001
36 ए, शेक्सपियर सरणी, कोलकाता-700 017
वेबसाइट : www.radhakrishnaprakashan.com
ई-मेल : info@radhakrishnaprakashan.com

मुद्रक
बी.के. ऑफसेट
नवीन शाहदरा, दिल्ली-110 032

HAR QISSA ADHOORA HAI
Gazal and Nazm by Raj Kumar Singh

इस पुस्तक के सर्वाधिकार सुरक्षित हैं। प्रकाशक की लिखित अनुमति के बिना इसके किसी भी अंश को, फोटोकापी एवं रिकॉर्डिंग सहित इलेक्ट्रॉनिक अथवा मशीनी, किसी भी माध्यम से, अथवा ज्ञान के संग्रहण एवं पुनःप्रयोग की प्रणाली द्वारा, किसी भी रूप में, पुनरुत्पादित अथवा संचारित-प्रसारित नहीं किया जा सकता।

बाबा नीब करौरी महाराज जी की कृपा से रचित
इस किताब को इसकी समस्त अच्छाइयों और कमियों
के साथ ईश्वर को समर्पित करता हूँ।

शुक्रिया

उन सबका जिन्होंने इस अधूरे क़िस्से को लिखने का हौसला दिया। माता श्रीमती भूरी देवी एवं पिता श्री राजमणि सिंह, पत्नी डॉ. आकांक्षा सिंह, पुत्री अंजिका, पुत्र राज वर्धन, सभी परिजन और मित्र।

अपना ये शेर इन सब की नज़र करता हूँ—

'कामयाबी कई मन्नतों का धागा है
और तुझे बस क़ाबिलीयत का गुमान रहा।'

—राज कुमार सिंह

दो शब्द

मुमकिन है कि जब आप इस किताब से गुज़रें तो ग़ज़लें आप से बात करें। प्यार करें। कभी रास्ता दें तो कभी रास्ता रोक कर खड़ी हो जाएँ। कभी कोई ग़ज़ल ज़िंदगी की राह पर पड़े कंकड़ की तरह चुभ जाए, तो कोई फूल की तरह सहला जाए। आप इस संग्रह को ज़िंदगी का सफ़रनामा कह सकते हैं। ज़िंदगी के इस सफ़र में आपका स्वागत है।

—राज कुमार सिंह

7 मई, 2020, बुद्ध पूर्णिमा

क्रम

ग़ज़ल

नज़्म

हर क़िस्सा अधूरा है

ग़ज़ल

आदत

कुछ कुफ्र में और कुछ इबादत में रहा
आदमी आदमी की आदत में रहा।

रोशनी के वास्ते आँधियों से लड़ा
ख़ुदा उस चराग़ की हिफ़ाज़त में रहा।

झुकना सज़दे में जिसने भी छोड़ दिया
उमर भर शख़्म वही क़यामत में रहा।

नदियों ने जब चाहे बंधन तोड़ दिए
समंदर तो हर वक़्त शराफ़त में रहा।

हम ख़तावार बस एक शय के ही थे
वक़्त हर वक़्त क्यों अदावत में रहा।

बेगुनाही का मेरी तू ही गवाह
तू भी दुश्मनों की वकालत में रहा।

कब बड़े हो गए बच्चे पता ही नहीं
वो तो रात दिन बस तिज़ारत में रहा।

कितना भी दबाओ वो उग आएगा
बीज जहाँ भी रहा बग़ावत में रहा।

अदा

हर साँस मौत से निभा आई
तब कहीं जीने की अदा आई।

तुम आते हो तो लगता है
मंदिर से कोई सदा आई।

तेरे बाद कई लोग आए
पर लौटकर न फिर वफ़ा आई।

बारिश के संग ख़ूब रोए हम
तेरी याद कुछ ज़्यादा आई।

बहुत संगदिल है ज़िंदगी तू भी
पलटकर फिर न दोबारा आई।

दीवारें खींचने की सज़ा है
घर में फिर न ताज़ा हवा आई।

वो ज़िंदगी का मारा हुआ है
काम उसके दवा न दुआ आई।

ज़िंदगी की ख़ातिर किया हर जुर्म
मेरे हिस्से ही पर सज़ा आई।

भरम

ये तेरी आँख का भरम होगा
रुकने से सफ़र कहाँ कम होगा।

यही तो है मेरी आख़िरी मंज़िल
मुसाफ़िर को अक्सर ये वहम होगा।

इंसान कम हैं और बुत हैं बहुत
ये शहर सच में बेरहम होगा।

इश्क़ गली है ये सँभल के चलो
हादसा यहाँ क़दम क़दम होगा।

उसकी रहमत के हैं क़िस्से बहुत
हम पे कब उसका ये करम होगा।

मेरा दर्द देख रोया वो बहुत
उसका अपना कोई ग़म होगा।

कई राहों का ग़ुमाँ तोड़ दिया
उसके पाँओं में बहुत दम होगा।

पाँव के छाले नहीं आँख को देख
वहाँ पे लहू अब भी गरम होगा।

हम नहीं चलते, पाँव चलते हैं
हम सा भी कोई बेदम होगा।

चैन से रहने न दिया

चैन से ख़्वाहिशों ने रहने न दिया
किसी ने जीने किसी ने मरने न दिया।

जी करता है कि टूट कर बिखर जाऊँ
आरज़ू ने तेरी ये भी करने न दिया।

हर इक टीस मुझे जंगज़ू बनाती है
ज़ख़्म हमने कभी कोई भरने न दिया।

ख़्वाब तो संग से भी सख़्त हैं अपने
आँखों से दरिया को गुज़रने न दिया।

दिल बहुत सख़्त है और आइना नाज़ुक
देख के यही ख़ुद को सँवरने न दिया।

कई हादसों से गुज़रे हैं क़दम पर
तुमको पलकों से कभी गिरने न दिया।

कोई शिकवा सफ़र से न रहा मुझको
मंज़िलों ने मगर हमको ठहरने न दिया।

पूरा अधूरा

वो जो भी अधूरा है मुझमें
बस वही तो पूरा है मुझमें।

ना सुखांत और ना ही दुखांत
हर क़िस्सा अधूरा है मुझमें।

किसी मंज़िल पे जाता ही नहीं
हर रास्ता अधूरा है मुझमें।

रोटी की ख़ातिर नाचता है
रहता इक जमूरा है मुझमें।

कभी बुलंद थी ये इमारत भी
इक टूटा कंगूरा है मुझमें।

सहर

बड़ी लंबी है ये रात अब सहर आए
चुपके चुपके से कोई ख़ुशख़बर आए।

माना इश्क़ पर है ज़माने की निगाह
आए ग़र वो तो ख़ुद से बेख़बर आए।

दिल कभी ऐसे बैठ जाए है मेरा
ना कोई रंजोग़म और आँख भर आए।

मुसाफ़िरो आओ मिलके ये दुआ करें
ना सही अपना किसी का तो घर आए।

मैं एक काफ़िर मुझे दोज़ख है क़बूल
वाइज़ तुझमें तो अब ख़ुदा नज़र आए।

हम दोनों ही तो ज़िंदगी के मारे हैं
चलो हममें अब ये ज़िंदगी नज़र आए।

जीने-मरने में फ़र्क़ क्या करना यहाँ
ज़िंदगी तेरे लिए इक उम्र मर आए।

अब के बरस

अबके बरस लो ख़ुद से ख़फ़ा हूँ
अबके बरस मैं तुम से जुदा हूँ।

फ़ासला नहीं मजबूर रहे हम
वो एक सिरा मैं दूसरा सिरा हूँ।

कई किरदार नज़र आए मुझमें
बाद मुद्दत के ख़ुद से मिला हूँ।

किसी और से वफ़ा क्या करता
मैं ख़ुद अपने से ही बेवफ़ा हूँ।

अब वो आया तो कहाँ ठहरेगा
ख़ालीपन से मैं पूरा भरा हूँ।

रास्तों से कोई शिकवा नहीं
मंज़िलों का मैं भरमाया हुआ हूँ।

किससे पूछूँ ज़िंदगी तेरा पता
इस शहर में मैं बिलकुल नया हूँ।

ज़िंदगी तुझको सहलाऊँ कैसे
मैं तो ख़ुद में इक ज़ख़्म हरा हूँ।

टूट कर कब तलक रहेगा हरा
हर पत्ते से मैं ये पूछ रहा हूँ।

जीतते जीतते हार जाता हूँ
ज़िंदगी के खेल में मैं नया हूँ।

मरने का भी तजरबा हो जिसको
जीने की वो नायाब अदा हूँ।

मुहब्बत

तमाम उम्र मुहब्बत ने ही सँभाला हमको
जब भी टूटा हूँ इसी ने तो बनाया हमको।

वो एक तारा जो छूटा है अभी आँखों से
उसी तारे ने नया रास्ता दिखाया हमको।

एक किनारा जो अभी हाशिए पे बैठा है
पार जाने का हुनर उसने ही सिखाया हमको।

हर एक चीज़ में तेरा नूर नज़र आता है
तेरी इबादत ने इतना तो सिखाया हमको।

ये चाँदनी तो इश्क़ वालों ने मुझे बख़्शी है
ये क़िस्सा चाँद ने एक रोज़ सुनाया हमको।

मैं ज़र्रा बन के रहूँ या के आफ़ताब रहूँ
इश्क़ ने हर हाल सर आँखों पे बिठाया हमको।

प्यार, इश्क़ और मुहब्बत ये महज़ नाम नहीं
इन्हीं लफ़्ज़ों ने तो जीना है सिखाया हमको।

ये मुहब्बत है ज़रा दिल से एहतराम करो
लहू से अपने इसी ने है सँवारा हमको।

रूठना

ख़ुदा से बेइंतहा रूठा होगा
शख़्स वो बेहिसाब टूटा होगा।

इस तरह बेसबब हँसता नहीं था
ज़ख्म पुराना कोई फूटा होगा।

महफ़िल से गया वो बेगाने सा
आस का दामन फिर छूटा होगा।

दिल में चुभता है काँच के जैसा
ख़्वाब अंतिम पहर का टूटा होगा।

बहुत उदास है आज हिज्र का चाँद
आँख से तारा कहीं टूटा होगा।

कहानी

हर मौसम की कभी एक पूरी कहानी थी
इस आइने में तो कभी मेरी जवानी थी।

आँगन की जो धूप उठाकर ले गए फ़्लैट
वही पुरखों की मेरे आख़िरी निशानी थी।

रातभर टपकती रही हथेलियों पे शबनम
आसमाँ को पीर अपनी कहीं तो बहानी थी।

छत पर रखे सभी क़िस्से उड़ा ले गई हवा
मौसम में पतझड़ के क़यामत तो आनी थी।

प्यार का मसला होता तो सुलझ भी जाता
ख़ुशियों की मुझसे तो अदावत पुरानी थी।

जिसे भी चा़हा उसे कुछ पंख मैंने दे दिए
प्यार में ये रस्म किसी को तो निभानी थी।

दुआएँ

साथ मेरे दुआओं का आसमान रहा
प्यार मुझ पे इस क़दर मेहरबान रहा।

झोले में बच्चों ने रख दीं कुछ ख़्वाहिशें
सफ़र में साथ मिरे बस ये सामान रहा।

ये हवाएँ ही उसे मंज़िल पे लाई हैं
परिंदा क्यों आँधियों से परेशान रहा।

बस मेरी ख़ातिर जो गुनहगार हो गए
उन दोस्तों पे यूँ ही नहीं क़ुर्बान रहा।

कामयाबी कई मन्नतों का धागा है
और तुझे बस क़ाबिलीयत का गुमान रहा।

जब भी बाहें फैलाईं माँ को छू लिया
बच्चे के हाथों में सारा जहान रहा।

कई बार चाहा रिश्ता ख़त्म कर दूँ पर
उसकी हथेली पे बचा कुछ सामान रहा।

इक बार महसूस कर लेता तुझे मौला
बाक़ी आख़िरी मेरा ये अरमान रहा।

फ़ासले

फ़ासले यूँ बयाँ होने लगे हैं
क़ायदे दरमियाँ होने लगे हैं।

तेरे पीछे सब राज़ी ख़ुशी है
दर्द कुछ यूँ जुबां होने लगे हैं।

रौशनी करने लगी चराग़ पे शक
इश्क के इम्तिहाँ होने लगे हैं।

एक आग मुझसे गुज़री है अभी
कई चेहरे धुआँ होने लगे हैं।

चाँद उतरा मिरे सिरहाने रात
वहम यूँ ख़ामखाँ होने लगे हैं।

हाथ लकीरों की उलझनें देख
ज़िंदगी से पशेमाँ होने लगे हैं।

चेहरे पे उग आए हैं पहाड़
उसके बच्चे जवाँ होने लगे हैं।

पाक हो जाएँगे आग में जलके
परवानों को गुमाँ होने लगे हैं।

दर्द को 'राज' मिलने लगी है दाद
लोग यूँ महरबाँ होने लगे हैं।

सँभल गए

वक़्त के संग हम भी ख़ूब बदल गए
बिछड़ के तुमसे भी देखो सँभल गए।

वो नज़र थी एक या चाँद का बोसा
अरमाँ कई इक पल में ही निकल गए।

जेब में ईमाँ लिए वो फिरता रहा
सिक्के खोटे सभी जहाँ में चल गए।

ज़िंदा नज़र आए तो मारे जाओगे
लोग पुतलों में देखो अब बदल गए।

वक़्त पर अपने इतना ना इतराओ
कितने राजा प्यादों में बदल गए।

तुम जो आते तो कुछ वक़्त जी लेते
तिरे इंतज़ार में कितने ही पल गए।

दीया और दिल

बस दिये से ही दिल को अब न बहलाया जाए
है अँधेरा बहुत अब तो दिल जलाया जाए।

हम तेरे स्याह इरादों से ना डरने वाले
अमावस की इस रात को ये बताया जाए।

लहू पीते पीते नम हो गई है ये ज़मीं
अब कोई बीज क्रांति का तो उगाया जाए।

ज़मीन का सीना चीर के आया है तू भी
नाज़ुक नहीं है ये फूल को बताया जाए।

सूरज महलों में क़ैद हो नहीं सकता कभी
उजाले के मसीहा को ये बताया जाए।

मर आया हूँ

कितने हादसों से उबर कर आया हूँ मैं
अब डरना क्या एक उमर मर आया हूँ मैं।

मुसाफ़िर के पाँव के छालों को मत देखो
कई मंज़िलों की हद पार कर आया हूँ मैं।

राह में तिरा हाथ कैसे छोड़ दूँ ज़िंदगी
डगमगाती नाव से आस भर लाया हूँ मैं।

बाज़ी-ए-इश्क़ में लगाने को कुछ न बचा
सबकुछ मुहब्बत के नाम कर आया हूँ मैं।

दरो दीवार भी तकल्लुफ़ करने लगे हैं
मुद्दत के बाद लौटकर घर आया हूँ मैं।

देने को कुछ और न रहा मेरे पास अब
हथेली पर एक उम्मीद धर आया हूँ मैं।

फ़रेब

जब जब गद्दारी का यूँ बख़ान होता है
तब तब ख़ुद्दारी का इम्तहान होता है।

झूठ की बस्तियों में जगमग है दिवाली
सच जहाँ देखो वहाँ परेशान होता है।

ज़रा अपने दायरे से बाहर तो निकलो
अपने घर में हर कोई भगवान होता है।

सजदे में झुके सिर कैसे गवाही देंगे
मुंसिफ़ भला क्या इतना नादान होता है।

आदमी बड़ा है झुक के मिलता है सबसे
कोई यूँ ही नहीं यहाँ महान होता है।

जख़्म सिला ही नहीं

जिसे चाहा वो कभी मिला ही नहीं
ज़िंदगी तुझसे फिर भी गिला ही नहीं।

दर्द से मिलने लगी रौशनी जबसे
जख़्म हमने फिर कभी सिला ही नहीं।

जाने कौन मिट्टी से बना है वो
टूट गया उसूल से हिला ही नहीं।

इस दरिया में उतरा जो डूब गया
इश्क़ का और कोई सिला ही नहीं।

मुड़ के राहों को कई बार देखा
तेरे बाद हमसफ़र मिला ही नहीं।

पत्थर

मैं एक शीशा था पत्थर कर दिया
वक़्त ने यूँ मुझे बेहतर कर दिया।

इतने शिकवों का क्या करूँ अब मैं
उसने आ के शानों पे सर धर दिया।

ख़ुशियाँ सब जब मेरी क़ीमत पे थीं
ख़ुद को हर ग़म से बेख़बर कर दिया।

जहाँ भर के ऐब दिखने लगे हममें
प्यार ने लो अपना असर कर दिया।

बच्चे बड़े होने लगे हैं जबसे
चाहतों को इधर का उधर कर दिया।

सँभल न पाएगा कुछ भी अब हमसे
सब ख़ुशियों को तेरी नज़र कर दिया।

रात भर काफ़िरों के संग पीता रहा
हमने जन्नत का तय सफ़र कर लिया।

जंग

औरों से नहीं ख़ुद से ख़फ़ा मिलता है
हरेक शख़्स का जख़्म हरा मिलता है।

किससे नफ़रत करें कोई मिलता नहीं
जहाँ देखो मेरा दर्द दबा मिलता है।

टूटे दिलों से लिपट कर तुम रो लेना
इन आँसुओं का अच्छा सिला मिलता है।

जहाँ में जख़्म भी बिकने लगे हैं मिरे
हरेक शेर में इक दर्द खिला मिलता है।

वो ख़ुशनसीब थे मंज़िलें जिन्हें मिलीं
हमें तो रास्तों का सिलसिला मिलता है।

शहर ने जिसे काफ़िर बना डाला 'राज़'
जेब में उसकी इश्क़ का पता मिलता है।

हम पहले से कहाँ रहे

वक़्त कभी हालात से परेशां रहे
ज़िंदगी आगे तिरे यूँ पशेमाँ रहे।

बदल गए तुम तो शिकवा क्या करना
हम भी अब देखो पहले से कहाँ रहे।

तुझे जीने के बंधन से आज़ाद किया
ख़ुश रहे तू ऐ ज़िंदगी अब जहाँ रहे।

दुआ यही आख़िरी है परवाने की
अँधेरे के हाथ रौशन एक शमाँ रहे।

ज़मीन ओढ़ लेती है सबको लेकिन
परिंदे में गिरने तक आसमाँ रहे।

ज़िंदगी तेरा साथ निभाने के लिए
हम अकेले ही पूरा कारवाँ रहे।

दिल से निकले हम इतने क़रीने से
पत्थर पे पानी के जैसे निशां रहे।

दुआ यही है मेरी ऐ ख़ुदा तुझसे
हरेक दौर में इश्क़ की दास्तां रहे।

क़ैद

अपनी ही क़ैद में कबसे कसमसाता हूँ
बिताए न बीते जो दिन वो बिताता हूँ।

ख़्वाहिशों को गूँथकर रोटी बना ली है
अब हर कौर अपने ज़मीर से टकराता हूँ।

न जाने कितनी उम्मीदें कर दी हैं दफ़न
पर एक परिंदा अब भी मुझमें फड़फड़ाता है।

उसकी बात और वो मौक़े की पैदाइश है
मैं बस अपने उसूलों में ही मर जाता हूँ।

ज़िंदगी ने ज़हर कुछ इतना भर दिया मुझमें
हथेली में चाँद भी लो तो जल जाता हूँ।

तुम्हारे लिए उड़ने का सबब होंगे ख़्वाब
मैं इन्हें अपनी ही नज़र से बचाता हूँ।

असर

मुहब्बत का मुझपे ये असर आया
जहाँ देखा मुझे ख़ुदा नज़र आया।

ख़ुद पर कुछ भी कहने से डरता हूँ
हर शख़्स को ख़ुद से बेहतर पाया।

मंदिर-मस्जिद जाने को जी नहीं करता
मेरा इश्क़ जबसे मेरे घर आया।

ग़म लेके लोग पूजाघर को गए
मैं ग़म पीने साक़ी के दर आया।

सपनों का झोला ले गाँव से चले
टूट गए सब भरम जब शहर आया।

अब दर्द से कहीं कोई रोता है
ये तो ख़ुशियाँ हैं के दिल भर आया।

ये सौदा देख कायनात रो पड़ी
उम्र के बदले जब कहीं मेहर आया।

उम्मीद का परबत

सीने में दर्द का सैलाब दबाए हुए सा है
वो उम्मीदों का परबत उठाए हुए सा है।

मैदान-ए-जंग में वो शख़्स जूझता है रोज़
जख़्मों को करीने से सिलाए हुए सा है।

ये सच है तुम उसको जानते बहुत हो लेकिन
कुछ है जो तुमसे भी वो छिपाए हुए सा है।

न तुम्हें आना था न तुम आए ही महफ़िल में
शमाँ तेरे नाम की वो जलाए हुए सा है।

हर बार लगता है वो नहीं आएगी पलट कर
पर हर साँस को अब तक वो मनाए हुए सा है।

ऐ ख़ुदा तेरे दर पे वो क्यों दे अब दस्तक
मुहब्बत को इबादत जो बनाए हुए सा है।

योद्धा

कई बार गिरा फिर भी खड़ा हूँ मैं
कई बार टूटकर फिर जुड़ा हूँ मैं।

मेरी हार मेरे ज़ख़्म मत देखो
देखो तो ये कि कितना लड़ा हूँ मैं।

समझौते ज़िंदगी बदल देते मगर
लोग नहीं विचारों से लड़ा हूँ मैं।

जीसस को महसूस करने के लिए
हज़ार बार सलीब पर चढ़ा हूँ मैं।

मेरे जाने से बात न जाएगी
लहू की बूँद बूँद में खड़ा हूँ मैं।

दिल्लगी

दिल्लगी इस जहाँ में बार बार हो जाती है
जिसे सँभाल कर रखो चीज़ वही खो जाती है।

बादल कुछ यूँ लेता है प्यास का इम्तहान
सूरज की राह तकते रात सो जाती है।

रास्ते करने लगे मज़ाक मेरे पाँवों से
सफ़र जब ख़त्म हो तो मंज़िल खो जाती है।

हज़ारों टोटके कर लो कितने ही सदके लो
नज़र फिर भी लग ही ख़ुशियों को जाती है।

ख़ुद को सँभालने का सलीका बहुत है लेकिन
अब आँख का क्या करें नम ही हो जाती है।

जन्नत के दर तक जाके लौट आते हैं
साक़ी को मैख़ाने की आदत हो जाती है।

दर्द कितना भी उठे बर्दाश्त हो ही जाता है
ज़िंदगी तू भी इक गुलाब जैसी हो जाती है।

मर जाते हैं

कुछ लोग ज़िंदगी से डर जाते हैं
कुछ लोग प्यार में मर जाते हैं।

तुम मुझे छोड़कर कहाँ जाओगे
हम तो ख़्वाब में नज़र आते हैं।

बहुत हुआ रूठने मनाने का दौर
चलो अपने अपने घर जाते हैं।

ये क्या जादुई खेल है ज़िंदगी
तेरे इल्ज़ाम मिरे सर आते हैं।

आपको मंदिर मसजिद हों मुबारक
हम तो मैकदे में तर जाते हैं।

ख़्वाब देखे थे जो अपने लिए
आँखों में आपकी भर जाते हैं।

हम जब भी वफ़ा की बात करते हैं
आप क्यों बेवजह डर जाते हैं।

ज़िंदगी का पैमाना

बहुत कुछ है पैमाने में पीने को
मगर अब उमर कहाँ बची है जीने को।

महिफ़लें लगी रहें ये दुआ है मेरी
फिर आऊँगा अधूरा जाम पीने को।

तीरे-नज़र तराश ले प्यारे साक़ी
अभी ज़ख़्म बहुत बाक़ी हैं सीने को।

शराब पी लेती है गर्दिश-ए-दौराँ को
कौन याद रखे अब दिन रात महीने को।

दुनिया है या कोई मैख़ाना है ये
हर शख़्स बेक़रार है लहू पीने को।

शराबियों की बज़्म है आना सँभल के
हर इंसान मर रहा है यहाँ जीने को।

बंदा

हर जगह सज़दा न कर सर गंदा हो जाएगा
वो ख़ुदा हो न हो तू पर बंदा हो जाएगा।

सब चला जाए पर ज़मीर को बचा के रखना
यक़ीन कर मेरा तू फिर ज़िंदा हो जाएगा।

नज़र से खोल भी दे बंदिशों की बेड़ियों को
आसमाँ तेरा है तू परिंदा हो जाएगा।

अब प्यार में हिसाब किताब क्यों करते हो
क्या इस जहाँ में सब कुछ धंधा हो जाएगा।

प्यार करना न करना पर दिखावा न करना
बाख़ुदा ख़ुद से ही तू शर्मिंदा हो जाएगा।

हमारे हाथों में मेहनत की लकीरें हैं
बंजर को भी छू लेंगे तो ज़िंदा हो जाएगा।

फ़रिश्ते

प्यार में हद से आगे निकल जाते हैं
कुछ लोग यक़ीनन फ़रिश्ते बन जाते हैं।

मैं तेरा रस्ता कैसे न देखूँ ज़िंदगी
तेरी आहट से दिन-रात कट जाते हैं।

जब देखता हूँ ज़िंदगी के पाँव में छाले
मुहब्बत के नरम हाथ याद आते हैं।

तुम अब लाख सुनाओ कहानी नफ़रत की
जहाँ में गीत इश्क़ के गाए जाते हैं।

सच में तो बड़ी तकलीफ़ से गुज़रते हैं
तब मुहब्बत का एक शेर लिख पाते हैं।

अपने लिए जीते तो कबके मर जाते
अपनों के लिए दर्द पीकर जिए जाते हैं।

अमृत कभी चखा नहीं हमने लेकिन 'राज'
इश्क़ मीठा ज़हर है लोग पिए जाते हैं।

बुत

सुबह से शाम तक कितने साँचों में ढल गए
देखते ही देखते लोग बुतों में बदल गए।

तेरी उल्फ़त ने मंदिर का दिया बनने न दिया
दहलीज़ के हैं दिए, बुझ गए कभी जल गए।

ग़म और ख़ुशी का अहसास से रिश्ता न रहा
इन आँसुओं पे यक़ीं न कर, बेसबब निकल गए।

इन ख़्वाहिशों ने मुझे जीने न मरने दिया
इक आस टूटी तो ख़्वाब हज़ारों मिल गए।

जख़्मों ने मन को मिरे और गहरा कर दिया
जहाँ मिरा लहू गिरा कुछ फूल वहाँ खिल गए।

टूटे पत्ते

अबके जाना तो मिलने की दुआ करना
टूटे हुए पत्तों को कुछ दिन तो हरा रखना।

मुझे हवाओं से मिल जाती है उसकी ख़ैर
आज की रात तो ये दरवाज़ा खुला रखना।

दूरियाँ तो खुली आँखों का धोखा भर हैं
तुम ख़यालों में रोज़ उससे मिला करना।

तमाम ऐब मेरे साथ ही चले जाएँगे
हो सके तो मेरी यादों से वफ़ा करना।

बहुत ज़्यादा प्यार का आदी नहीं हूँ मैं
तुम थोड़ा सा ख़ुश ज़्यादा सा ख़फ़ा रहना।

हमने तो मुहब्बत में उसे देख लिया है
मंदिर-मसजिद जाके हमें और क्या करना।

ज़मीं को चाहिए बहुत नमी जीने के लिए
आँखों में आँसू और मन में दया रखना।

मिल जाएगा तुझको तेरा भी ख़ुदा 'राज़'
दुनिया के ज़ख़्मों पे थोड़ी सी दवा रखना।

समझना बाक़ी है

कुछ बातों में और उलझना बाक़ी है
ज़िंदगी तुझे कुछ और समझना बाक़ी है।

कितने रास्ते मुझसे होकर गुज़र गए
कई राहों से मुझे गुज़रना बाक़ी है।

जीतते जीतते अकसर हार जाता हूँ
ज़िंदगी तेरा ये खेल समझना बाक़ी है।

छाँव कहीं हो मेरे हिस्से आई धूप
मौसम का ये मिज़ाज समझना बाक़ी है।

हर दिन कई हिस्सों में बँट जाता हूँ मैं
किसे कितना मिला ये परखना बाक़ी है।

वो मेरे साथ नहीं है

उसके होने पे मुझे शक नहीं है
साथ पर मेरे वो बेशक नहीं है।

दुआएँ पत्थरों से टकरा के बोलीं
मंदिर मसजिद में कोई फरक़ नहीं है।

अच्छा हुआ जो काफ़िर बना डाला
अब हमपे ख़ुदाई का हक़ नहीं है।

उसका जाना कि तमन्ना का जाना
दिल में बस अब कोई कसक नहीं है।

इश्क़ में होना कि कहीं का न होना
जीने-मरने में अब फरक़ नहीं है।

मिरे संग ढल गए किताबों के फूल
रंग बाक़ी है इनमें महक नहीं है।

नाकामियों ने मुझसे ये कहा है
ज़िंदगी से बड़ा और सबक नहीं है।

मेरे भीतर का बच्चा

बहुत ढूँढ़ा उसे वो मिलता नहीं है
वो बच्चा मुझमें अब रहता नहीं है।

ज़िंदगी मेरी यूँ धुआँ हो गई है
दिल सुलगता तो है जलता नहीं है।

बेबसी साथ मिरे यूँ तो न थी
सामने है वो अब मिलता नहीं है।

जाम भी साक़ी भी है मैख़ाना भी
क्या करूँ दिल ये बहलता नहीं है।

जहाँ छोड़ आए थे ज़िंदगी तुझको
रास्ता अब वही मिलता नहीं है।

हरेक बात क़ुबूल है उसकी मगर
ज़िद वो पहले सी अब करता नहीं है।

गुनाह

तुम्हारे गुनाहों का हिसाब नहीं होता
हद तो ये कि लहू भी अब लाल नहीं होता।

लहू कुछ इस क़दर सर्द और ज़र्द हो गया है
आँख क्या रगों तक में उबाल नहीं होता।

अहसान नमक बन के नसों में दौड़ता है
फिर भी ये लहू अब तक हलाल नहीं होता।

तेरी मसीहाई में क़त्ल होते बच्चे
और फिर तुमसे कोई सवाल नहीं होता।

सदियों से सज़दे में झुका हुआ है ये सिर
तेरा जलवा फिर क्यों जलाल नहीं होता।

क़ाफ़िले लुटते रहे हम ग़ज़ल कहते रहे
अब रहबरी पर कोई सवाल नहीं होता।

डेमोक्रेसी का मजमा तो देखो दोस्तो
बंदरों से भी अब यहाँ सलाम नहीं होता।

लहू का स्वाद जब से मुँह में लग गया है
हुक़्मरानों के हाथ में जाम नहीं होता।

तुम्हारी वहशत से मिट जाती हैं नस्लें
फिर भी तुम पर कोई इलज़ाम नहीं होता।

कभी नारों से हिल जाते थे दोनों जहाँ
अब मर भी जाओ तो ये काम नहीं होता।

आसपास

इतना भी उदास क्यों रहते हो
अपने आसपास क्यों रहते हो।

ग़ैरों की बात तो रहने ही दो
ख़ुद से भी फ़ासले से मिलते हो।

आँखें मन के राज़ खोल देती हैं
खैरियत से हूँ ये क्यों कहते हो।

ज़िंदगी जिसने दी है वही लेगा
ज़ुल्म सितम इतना क्यों सहते हो।

तुम्हें नापसंद थी मेरी हर आदत
अब मेरी तरह क्यों रहते हो।

तुम इबारत हो इमारत तो नहीं
हर बार टूटकर क्यों ढहते हो।

मन

बरसता है और न ही खुलता है
मन खाली बादल सा घुमड़ता है।

वो इस ख़ूबी से है साथ मेरे
न खुलके मिलता है न बिछड़ता है।

इंसान है कोई फ़रिश्ता तो नहीं
बेवजह क्यों सबसे अकड़ता है।

वर्चुअल दुनिया में घुस गया जबसे
मन कहाँ खुले जहाँ में उड़ता है।

मासूमियत तो कब की खो दी है
अब चेहरा नज़रों से पढ़ता है।

गिरने-उठने से ही ज़िंदा है तू
सूरज भी रोज़ ढलता-चढ़ता है।

मौसम

कभी सूखे तो कभी नम होते हैं
मन के भीतर कई मौसम होते हैं।

ख़ुशियों को छूकर देख लेना तुम भी
नज़रों को तो अकसर भरम होते हैं।

मेरा चेहरा भी अब न रहा मेरा
मुझमें हरदम मेरे सनम होते हैं।

आँखों से जिसकी छलकती हैं ख़ुशियाँ
उस दिल में ज़माने के ग़म होते हैं।

हर साथी इक मोड़ पे छूट जाता है
साथ होने के बस वहम होते हैं।

टूटकर आइनों में बदल जाता हूँ
इश्क़ के मुझपे ऐसे करम होते हैं।

कुछ यूँ बदले जीने के लिए जहाँ में
ख़ुद में कहाँ पहले से हम होते हैं।

अब मिलना तो गले लग के रो लेना
मुहब्बत में ये मौक़े कम होते हैं।

पाप जो भी थे आँसुओं में धुल गए
ये पुण्य हैं जिनका बोझ हम ढोते हैं।

ख़ुद को ढंग से देखो तो जान लोगे
आप में तो अकसर अब हम होते हैं।

सुनो तो

अब चले भी जाओ अगर जाना है
हमें क्या जहाँ में रोज़ आना है।

ये बादल ये बारिश दिल जलाते हैं
तुम कहते हो कि मौसम सुहाना है।

आँखों में मत देखो बहक जाओगे
कितनी बार ये तुमसे कहा ना है।

बीमारियों का मुझको शौक़ नहीं
इरादा तो सिर्फ़ तुमको बुलाना है।

ये फूल जो सजा रखे हैं इस घर में
तन्हा नहीं हूँ मैं ये दिखाना है।

यूँ ही नहीं नूर रहता है हममें
जन्नत में मेरा आना जाना है।

सच कहने की बस आदत है उसको
यूँ ही नहीं वो सबका निशाना है।

उसकी आँखों में देख लो तो सही
आदमी नहीं वो सारा ज़माना है।

घर के बाहर बैठा दिया है जिसे
वो बूढ़ा बाबा एक ख़ज़ाना है।

इस जन्म में कई पाप भोगने हैं
पूजापाठ तो जी का बहलाना है।

ज़िंदगी काटने को वजह तो चाहिए
तेरा इंतज़ार तो इक बहाना है।

बहुत कुछ है जो सबसे छिपाया है
ये सच अब तुमसे क्या छिपाना है।

ज़िंदगी से प्यार

अच्छा बुरा जो भी मिला स्वीकार किया
ज़िंदगी मैंने सच तुझसे बहुत प्यार किया।

हर बार एक चेहरा नया आया नज़र
जब भी ख़ुद में मैंने तेरा दीदार किया।

हर बार एक नयी शर्त रख दी जीने की
हर बार मैंने फिर तेरा ऐतबार किया।

तेरी अँजुरी में गिरा तो मोती बनेगा
आँख ने सदियों इस पल का इंतज़ार किया।

कबीर तुम्हीं सिखाओ अब बुनने का हुनर
हमने तो हरेक रिश्ता तार तार किया।

हर साँस की क़ीमत अदा करनी है हमें
ज़िंदगी तुझसे बस ये ही अब क़रार किया।

दर्द

जिस्म से रूह तक समाया हुआ है
ये दर्द मेरा अपनाया हुआ है।

कई मर्ज़ की दवा है इश्क़ का रोग
नुस्खा मेरा आजमाया हुआ है।

कुछ लोग ख़ुदा के बनाए हुए हैं
और कुछ ने ख़ुदा बनाया हुआ है।

कामयाबी तो उसे मिलनी ही है
नाकामी का वो सिखाया हुआ है।

कोई शहंशाह क्या बनवाएगा
ताज तो इश्क़ का बनवाया हुआ है।

मेरा वक़्त मेरे साथ गुज़र गया
मेरी तरह वो भी जाया हुआ है।

अजनबी है पर अपना सा लगता है
तू भी अपनों का सताया हुआ है।

क़िस्मत उसे क्या गिराएगी 'राज़'
वो तो मेहनत का बनाया हुआ है।

ज़रूरत

ये है तो यही सूरत सही
मुझे तेरी ज़रूरत सही।

इंसानों में ख़ुदा मिला नहीं
पत्थर की यही मूरत सही।

पुण्य का वक़्त तय है लेकिन
पाप को तो हर मुहूरत सही।

लहू में डूबे हैं तख़्तो ताज
प्यार की बस हुकूमत सही।

ग़म

माना के आँखें नम नहीं हैं
पर कैसे कहूँ कि ग़म नहीं हैं।

तुझे बददुआ दें भी तो कैसे
गुनाह मेरे भी कम नहीं हैं।

रख दे हाथ माथे पे कोई
आँखों में आँसू कम नहीं हैं।

एक दुनिया है मेरे भीतर
बस हममें देखो हम नहीं हैं।

ज़िंदगी संग न छोड़ेंगे तेरा
हम इतने भी बेरहम नहीं हैं।

बेख़ौफ़ हो गए मिरे ख़्वाब
टूटने के जबसे ग़म नहीं हैं।

दिल इसी बात पे ग़मज़दा है
हमपे अब उनके सितम नहीं हैं।

चलो सब रंग देख लिए तेरे
अब बचा कोई भरम नहीं हैं।

दिल को अब बहुत सुकूँ है 'राज़'
अब उनके हमपे करम नहीं हैं।

साथ निभाएगा कौन

अब अगर रूठे तो न मनाएगा कोई
साथ तेरे क्यों दिल जलाएगा कोई।

एक हम ही मुहब्बत के मारे हैं यहाँ
मातम अब क्यों और मनाएगा कोई।

ग़म ना कर ज़िंदगी मेरी बेवफाई का
न सही हम तिरा साथ निभाएगा कोई।

हमने देखा था ख़ुदा तुझमें ऐ दोस्त
नाख़ुदा है तू और बताएगा कोई।

तेरी राह में दिए कई रौशन होंगे
दिल मेरे सिवा पर न जलाएगा कोई।

दरिया ने समंदर से बस इतना ही कहा
मेरी तरह तुझमें न समाएगा कोई।

तुम एक बार पूछ तो लेते हाल-ए-दिल
मर्सिया हमसे बेहतर न सुनाएगा कोई।

पीर

टूटी आस को कहाँ किनारा मिलता है
टूटे शख़्स को कहाँ सहारा मिलता है।

अजीब दस्तूर है प्यार की बाज़ी का
यहाँ जिसे देखो वही हारा मिलता है।

समंदर होने की पीड़ा तुम क्या जानो
उसे तो पानी भी अब खारा मिलता है।

अपनी बर्बादी का इल्ज़ाम किसे दूँ
जिसे देखो वही तो हमारा मिलता है।

कुछ कम तो नहीं है मेरे खंजर की धार
दुश्मन भी मुझे बहुत प्यारा मिलता है।

नज़र फेरते ही बदल जाती है दुनिया
जहाँ भी देखो यही नज़ारा मिलता है।

थकने पर अब किसका सहारा लोगे तुम
दरख़्त तो अब ख़ुद बेसहारा मिलता है।

शहर ने जबसे घरों से छीन ली हैं छतें
गलियों में चाँद मारामारा फिरता है।

वहम

जितनी भी मिल जाए कम लगती है
देर से मिली ख़ुशी ग़म लगती है।

जश्न में डूबी है महफ़िल सारी
आँख तुम्हारी ही नम लगती है।

हाथ में चाँद तो आँख में सूरज
रौशनी भी एक वहम लगती है।

कभी सूरत कभी सीरत से धोखा
ये दुनिया पेच-ओ-ख़म लगती है।

सदाओं से न आने वाला कोई
बस दूरी हमेशा कम लगती है।

आइने से अब बात क्या करना
छाया भी कभी हमदम लगती है।

इश्क़ की राह में चलना सँभल के
चोट इस पर क़दम क़दम लगती है।

कौन कहाँ बन जाएगा अजनबी
शहर की याददाश्त कम लगती है।

धोखे

नज़र को फिर धोखे बार बार हुए
यूँ जीने के बहाने हज़ार हुए।

तुमसे जीने की वजह मिलती रही
ज़िंदगी के पल कब से तार तार हुए।

किताबों में थक कर लौट आता था
उनके पन्ने भी अब ज़ार ज़ार हुए।

हाथ से कभी आँख से फिसला लम्हा
हादसे साथ मेरे बार बार हुए।

नज़र उतारी और उतारीं बलाएँ
टोटके सब मेरे पर बेकार हुए।

आज़माइश

हर लम्हे को जीने की ख़्वाहिश क्यों है
ज़िंदगी हर पल तेरी आज़माइश क्यों है।

टुकड़ा टुकड़ा बिक गया मिरा ज़मीर सारा
जहाँ में अब उसूल की पैमाइश क्यों है।

दरमियाँ फ़ासलों के कुछ भी न बचा लेकिन
कहीं किसी कोने में फिर गुंज़ाइश क्यों है।

कभी इक बूँद आँसू कभी इक क़तरा आह
इश्क़ में ये अजीब सी फ़रमाइश क्यों है।

मुहब्बत में ये रवायत भी बहुत ख़ूब है
जां के लिए जां देने की ख़्वाहिश क्यों है।

बेटियाँ

ख़्वाहिशें पत्थरों से लिपटकर सो जाती हैं
सब बेटियाँ माँओं से लिपटकर रो आती हैं।

उनके लौटने की दुआ अब क्यों माँगते हो
फिर कहाँ घर में वापस हवाएँ वो आती हैं।

चिड़ियों का पता ठिकाना क्यों पूछते हो यहाँ
जिस पेड़ पर बैठी हों उसी की हो जाती हैं।

झूले, पेड़, हवाएँ, बारिश, गलियाँ सब वही हैं
पर लड़कियाँ अब कहाँ सावन घर को आती हैं।

वो पाँव वो पैंजनियाँ वो संगीत कहाँ है अब
तेरी बातें याद बहुत पापा को आती हैं।

ग़ज़ल और ज़िंदगी

ठोकर से गिर सकता हूँ नज़र से नहीं
जंग में तो मर सकता हूँ ख़बर में नहीं।

ज़िंदगी तुझसे एक वादा रहा मेरा
मंज़िल पे छोड़ सकता हूँ सफ़र में नहीं।

एक बात जान लें दोस्त और दुश्मन
मुहब्बत में झुक सकता हूँ डर में नहीं।

वक़्त ने कहा था एक बार ये मुझसे
नज़र में ठहर सकता हूँ गजर में नहीं।

एक फ़क़ीर रोज़ कहता है दुनिया से
फाँकों में जी सकता हूँ फिकर में नहीं।

ग़ज़ल और ज़िंदगी में इतना ही फ़र्क़ है
ज़िंदगी लिख सकता हूँ पर बहर में नहीं।

गजर = अलार्म, समय बताने का घंटा/घड़ियाल
बहर = छंद, शेर का वजन

प्रोफ़ेशनल

कौन तुम्हें अपना बनाना चाहता है
हर कोई यहाँ आज़माना चाहता है।

स्कूल से शुरू हुआ पास फेल का खेल
बॉस भी अप्रेजल का बहाना चाहता है।

लोग प्रोफ़ेशनल हो गए हैं इस हद तक
मदारी नया बंदर नचाना चाहता है।

अपने दुखों को पंच कर देना मशीन पर
आफ़िस ख़ुशी के गीत गाना चाहता है।

कारपोरेट कल्चर भी ख़ूब है यारो
शिकार ख़ुद शिकार करना चाहता है।

मसीहा

मुश्किल क्या है पास आने में
तिरे सिवा कौन है ज़माने में।

बुत बनके न बैठ ऊँचे महलों में
फ़रिश्ते चाहिए गरीबख़ाने में।

बड़ी शिद्दत ताउम्र तलाशा जिनको
खो गए उस मसीहा को पाने में।

मिलना, बिछड़ना, बिखरना, मरना सब
बहुत टूटा हूँ रिश्ता निभाने में।

तिरा जलवा सब धरा रह जाएगा
मर गया जो कोई कर्ज़ चुकाने में।

आएँगे कन्हैया लाज बचाने
सदियाँ लगीं ये भरोसा बनाने में।

हैरान

ज़िंदगी भर मैं इस बात से हैरान रहा
बिछड़ के हमसे वो क्यों परेशान रहा।

बंदों से कहाँ कोई शिकायत है हमको
जिसे पूजा वो तक न मिरा भगवान रहा।

ज़िंदगी की जंग ने गुनहगार बना डाला
अब हममें कहाँ वो दीनो-ईमान रहा।

ख़ुदा की नाइंसाफ़ी पर अब शक नहीं
हमारे सिवा उसका सारा जहान रहा।

कामयाबी के दर से लौटकर आया जो
उम्मीद की बज़्म तक में पशेमान रहा।

चराग़ों को हवाओं के भरोसे छोड़ा
शख़्स वो इश्क़ में इस क़दर नादान रहा।

जब जब बहे आँसू लो हो गई बरसात
बादल इस तरह उस पर मेहरबान रहा।

अफ़सोस

ज़िंदगी के सफ़र में ये ख़ूब अहसास हुआ
जिसे भी छोड़ दिया उसी का अफ़सोस हुआ।

जबसे निकला ठौर ठिकाने की तलाश में
उस दिन से बेघर और खानाबदोश हुआ।

मेरी बेगुनाही का एक ही सबूत था
गवाह वो भी अदालतों में ख़ामोश हुआ।

मेरी रूह ओढ़ लेता है जब मिलता है
उसकी इसी अदा पे मैं बस मदहोश हुआ।

ज़िंदगी अब तू पूछती है प्यार का सबब
तिरी हर ख़्वाहिश की ख़ातिर सरफ़रोश हुआ।

माँगने को तो बहुत कुछ था उससे लेकिन
उड़ गए होश जब वो जलवाफ़रोश हुआ।

आसमाँ देखा

एक पर्दा सा पड़ा है जहाँ देखा
हमने तो दर्द में हर इंसाँ देखा।

माना तुम्हारा ग़म बड़ा है लेकिन
तुमने हर शख़्स का दिल कहाँ देखा।

ज़िंदगी में सुकून पाने की ख़ातिर
रोज़ जंग लड़ते सारा जहाँ देखा।

यादों की खिड़कियाँ जब भी खोलीं
तनहाइयों का इक कारवाँ देखा।

उसने हममें क्या देखा क्या पता
हमने तो उसमें इक महरबाँ देखा।

इक जादुई आइना है ज़िंदगी भी
तमन्नाओं को हरदम जवाँ देखा।

उम्मीद का दामन न छोड़ना कभी
परिंदे ने गिरने तक आसमाँ देखा।

ख़्वाब

कोई ख़्वाब अटका हुआ है आँखों में
ज़िंदगी एक गुलाब हो जैसे काँटों में।

वहम बनके जो दिनरात साथ रहता है
वो एक साथ था जो छूट गया राहों में।

वो इस क़दर शामिल है मेरे वजूद में
ख़ुद को जैसे समेट रखा हो बाँहों में।

कभी यूँ भी टूटकर गले मिलो तो सही
कि तमन्ना छूट जाए हमारी बाँहों में।

सवालों की एक सलीब है ये दुनिया
और जवाब मिलते ही नहीं किताबों में।

नफ़रत को आते हज़ार तरीक़े छिपने के
और चाहत छिपती ही नहीं निगाहों में।

मेरे क़त्ल का इल्ज़ाम मुझ पर ही गया
मेरा क़ातिल भी शामिल हुआ गवाहों में।

आख़िरी साँस तक आसमाँ में रहते हैं
कोई तो बात है परिंदों की आँखों में।

अभी वक़्त है 'राज' से मिलजुल लिया करो
वर्ना रह जाएँगे हम भी सिर्फ़ यादों में।

दिवाली की रात

रात भर अँधेरे से गले मिलता रहा
एक दीया मुहब्बत में यूँ जलता रहा।

दिल पे टपकती रही यादों की शबनम
रात भर एक शोला सा दहकता रहा।

अमावस का चाँद मुझमें उतर आया था
रात भर आसमाँ उसको तड़पता रहा।

वो शख़्स जो चाँदनी का जला हुआ था
रात भर अँधेरे से गिला करता रहा।

तुम मेरे साथ रहना सितारा बनके
चाँद तो बेवफ़ा है रोज़ बदलता रहा।

अँधेरे से अब है डरना कैसा 'राज'
थोड़ा बहुत तो हम सबमें बसता रहा।

बातें

कितनी ही बातें कहता नहीं हूँ मैं
अब तो ख़ुद में भी रहता नहीं हूँ मैं।

ऐसा नहीं है कि टूटा नहीं हूँ मैं
ये बात और कि बिखरता नहीं हूँ मैं।

झूठ का ही सही पर्दा पड़ा रहने दो
अब उसे खोना चाहता नहीं हूँ मैं।

मुझको ज़माने की नज़र ऐसी लगी
किसी नज़र में अब रहता नहीं हूँ मैं।

पागल समझती है ये दुनिया मुझको
जानता सब हूँ कुछ कहता नहीं हूँ मैं।

क्या समझेगा अब ये ज़माना हमको
ख़ुद को भी ढंग से जानता नहीं हूँ मैं।

कबसे अपना ही पता ढूँढ़ रहा हूँ
क्या इस शहर में रहता नहीं हूँ मैं।

फ़साना

ज़िंदगी बीत गई जिसको बनाने में
एक हम ही नहीं हैं उस फ़साने में।

जो दिल ही से निकल जाए जब अपने
वो कब मिलता है फिर इस ज़माने में।

वो माँग रहा मुझसे वफ़ा का हिसाब
जो मेरा बनके रहा सिर्फ़ बहाने में।

कुछ लोग यहाँ ज़िंदा हैं क़त्ल करके भी
कुछ मर जाते झूठी क़सम खाने में।

अपने हिस्से की जब कमाई देखी
आधे अधूरे क़िस्से मिले ख़ज़ाने में।

प्यार बस प्यार ही है कुछ और नहीं
कोशिश ना कर अब इसे समझाने की।

आप भी प्यार के मारे हैं हुज़ूर
बड़ी देर कर दी आपने बताने में।

हँसते हुए लोगों का क़ायल हूँ मैं
माहिर होते हैं बड़े दर्द छिपाने में।

फिर न टूटे कोई घर अब दुआ करें
कई हाथ लगते एक घर बनाने में।

प्याला

ज़िंदगी का प्याला कुछ और भर गया
इक और साल मुझसे होकर गुज़र गया।

मुश्किलें इतनीं मेहरबां रहीं हमपे
साल दर साल मैं कुछ और निखर गया।

अब इस क़दर भी बदला न ले कोई
वो आँख से तो गया दिल में उतर गया।

मेरी नहीं तो तेरी आँख में होगा
वक़्त है आदमी नहीं जो कि मर गया।

वक़्त ने चेहरे पे छोड़े वो निशां
आइने में ख़ुद को देखके डर गया।

वक़्त से हमारी इस क़दर ठनी रही
वो उधर से चला गया मैं जिधर गया।

भूल जाने को बहुत कुछ है क्या करूँ
जाते जाते तिरी यादों में घिर गया।

चले गए जो वो कहाँ आने वाले
इक कलेंडर और यादों से भर गया।

रिश्ता

दर्द सहने की ये आदत क्या
अब इतनी भी मुहब्बत क्या।

सज़दा करते ही ख़ुदा हो गए
अब इस ख़ुदा की इबादत क्या।

इश्क़ में हो गए हैं मसरूफ़
अब रज़ालत क्या शराफ़त क्या।

अब जब कोई रिश्ता ही नहीं
उससे नफ़रत क्या उल्फ़त क्या।

तेरी दुनिया में सब देख लिया
अब और होगी क़यामत क्या।

साक़ी ने कह दिया शराबी हमें
और होती है ज़लालत क्या।

जो हारे हुए हैं

वो जो कि हारे हुए हैं
वक़्त के मारे हुए हैं।

नेक दिल थे जो यहाँ पर
रब को प्यारे हुए हैं।

ताज के आगे न झुके जो
इतिहास में किनारे हुए हैं।

लड़ते हुए जो मर गए
आँख के तारे हुए हैं।

साहस जीत से जुदा है
वीर ही मारे गए हैं।

इतिहास वीरों ने लिखा
बाक़ी हरकारे हुए हैं।

हौसले सुंदर बहुत हैं
जंग में सँवारे गए हैं।

वतन का ताज हमसे है
सर तो हमारे गए हैं।

तलवार नहीं ज़ख़्म देखो
लहू के निखारे हुए हैं।

रंग

सत्ता आने पर ढंग बदलते देखा है
हमने लोगों को रंग बदलते देखा है।

चलना भी ठीक से आता न था जिनको
गुब्बारे सा हवा में उड़ते देखा है।

सच जैसा था वैसा ही निकला बाहर
झूठ को खूब बनते सँवरते देखा है।

सुना रहा था वो तरक़्क़ी की दास्ताँ
उसकी आँख का पानी उतरते देखा है।

वक़्त को चेहरे बदलने की आदत है
कई चेहरों का नूर उतरते देखा है।

किसी के बुरे वक़्त में मुँह न फेरना
हमने घूरे के दिन फिरते देखा है।

रौशनी पे इतना ना इतराओ 'राज़'
रोज़ यहाँ सूरज को ढलते देखा है।

हुस्न, जवानी, शोहरत सबकी इक कहानी
तुमने फूलों को बुझते खिलते देखा है।

बेख़ुदी

अब ख़ुद के भी आसपास नहीं होता
दर्द है मगर अब अहसास नहीं होता।

चौराहे पर आ गई है ये ज़िंदगी
भीड़ है कोई पास नहीं होता

इश्क़ में ये दिन भी आएगा देखो
अब वो मुझसे नाराज़ नहीं होता।

मेरे साथ रास्ते चलने लगे हैं
कब से मंज़िल का दीदार नहीं होता।

चेहरे पे मेहनत के निशां हैं ये
मौला सबको ये सौग़ात नहीं देता।

झुक जाता तो ऊँचा उठ गया होता
पर जीने का ये अंदाज़ नहीं होता।

माँ

अपने हुनर को परखना चाहता हूँ
माँ अब तुझ पर कुछ लिखना चाहता हूँ।

मन की सब बातें जान लेती हो तुम
फिर भी तुझसे कुछ कहना चाहता हूँ।

बड़ा होने की बड़ी कीमत चुकायी
बनके बच्चा गोद आना चाहता हूँ।

दर्द कितना हो अब आते नहीं आँसू
माँ मुझे फिर डाँट रोना चाहता हूँ।

दुआ बन के रगों में दौड़ता है जो
लहू में तू है दिखाना चाहता हूँ।

रब मेरी दुआओं का रंग सुर्ख कर दे
माँ तिरा आँचल सजाना चाहता हूँ।

खोने के लिए मिलना

पूरा होता है चाँद अधूरा होने के लिए
वो मिलता ही है अब मुझको खोने के लिए।

ज़िंदगी तू भी अब और अहसान न कर मुझ पर
कौन बैठा है अब बारहा रोने के लिए।

रात के पास हैं कई दास्तां सुनाने को
वक़्त किसको है इस रात अब सोने के लिए।

मेरे नाम पर अब भी चौंक जाता है वो
बस इतना काफ़ी है मेरे होने के लिए।

पूरी हो जाएँ जब ख़्वाहिशें सारी अपनी
अब वजह कोई और तो हो जीने के लिए।

बाद मुद्दत आए हो कुछ देर और बैठो
ज़ख़्म बहुत हैं सीने में सीने के लिए।

आओ मिलकर कुछ नया लिखें गाने के लिए
अब बचा ही क्या है और सुनाने के लिए।

मसीहा

मेरा जीवन तो मुकम्मल नहीं होगा
जब तक तू मुझे हासिल नहीं होगा।

वो ख़ंजर से जख़्म सिलता है मेरा
मसीहा होगा क़ातिल नहीं होगा।

बात बात पर सबक सिखाता है जो
पढ़ा लिखा होगा जाहिल नहीं होगा।

मुझे मझधार में जो छोड़ गया है
कोई अपना होगा साहिल नहीं होगा।

समझदार

जो इक नज़र में लोग पहचान जाते हैं
वो दुनिया को कितना कम जान पाते हैं।

घर के चराग़ से ही घर को जलाते हैं
सियासतदां मुल्क़ की क़िस्मत बनाते हैं।

बड़े साहबों का ये मिज़ाज भी ख़ूब है
दुआसलाम लेने से भी कतराते हैं।

कभी गौर से देखो तो जान जाओगे
कुछ चेहरों पे पहाड़ भी उग आते हैं।

इन आँखों में उतरोगे तो बह जाओगे
कितने सागर रह रह के थरथराते हैं।

यूँ खामोशी को पढ़ना आसाँ नहीं होता
आँखों से कई अफ़साने लिखे जाते हैं।

कैसे कैसे इम्तिहाँ

कैसे कैसे इम्तिहाँ से गुज़रे हैं
मुज़रिम की तरह इस जहाँ से गुज़रे हैं।

ऐ ज़िंदगी तेरी इक हँसी की ख़ातिर
न पूछिए हम कहाँ कहाँ से गुज़रे हैं।

इश्क़ का ख़ूबसूरत भरम रखने को
जुल्म सितम की दास्तां से गुज़रे हैं।

अब नहीं आएँगे तेरी महिफ़ल में
शमा के आगे पशेमाँ से गुज़रे हैं।

ज़िंदगी तेरा इक क़तरा पी न पाए
कहने को सारे जहाँ से गुज़रे हैं।

अरमान

गाँव के अरमानों का बोझ ढोता है
ये शहर थक के यूँ ही रोज़ रोता है।

माँ की आँखों से निकले या बीवी की
आँसू वर्कर के पसीने का होता है।

कारखाने का हो या किसी दफ़्तर का
वर्कर ख़ून के दो घूँट रोज पीता है।

अब ये तेरा मेरा मुद्दा नहीं रहा
हर इस्तीफ़े से कोई घर रोता है।

ये अजीब दौर है प्रोफ़ेशनलिज़्म का
हरेक शख़्स अपनी ही लाश ढोता है।

दूसरा मौक़ा

बनके ख़ुशबू बिखरना चाहता था
रंग दुनिया में भरना चाहता था।

वक़्त ने दूसरा मौक़ा ना दिया
कितना कुछ मैं बदलना चाहता था।

ज़िंदगी तुझसे तो शिकवा ही नहीं
मैं हर हाल में जीना चाहता था।

मौत से और कोई काम ना था
मैं बस शुक्रिया कहना चाहता था।

भूख मुझको मंच पे ले आई है
मैं अकेले में रोना चाहता था।

कश्तियाँ साथ चलें या न चलें पर
दरिया तो बस बहना चाहता था।

तुम मिले हो तो ये जाना हमने
कोई मुझमें रहना चाहता था।

आरज़ू

आख़िरी बार ये कहना है हमें
अब तो तुझमें ही रहना है हमें

पानी ठहरा हुआ है मेरी तरह
एक पत्थर अब फेंकना है हमें

हमको मालूम है अंजाम अपना
तेरा आगाज़ देखना है हमें।

ख़ुदा के वास्ते करम और न कर
अब और नहीं यूँ मरना है हमें।

परिंदों ने ये तय कर लिया है अब
हवा के रुख पे न रहना है हमें।

एक थमा हुआ दरिया है मुझमें
तेरी आँखों से बहना है हमें।

वफ़ा, उसूल और धरम की बातें
अब इनसे नहीं बहलना है हमें।

सफ़र

किसी को घर तो किसी को दर मिला
सफ़र का था मुझे बस सफ़र मिला।

मान लिया तू बेवफ़ा नहीं है
बस मुझसे एक बार नज़र मिला।

उतर गई अंदर अब चढ़ती नहीं
शराब में साक़ी कुछ ज़हर मिला।

चाँद तारों की बात पुरानी है
इश्क़ मुझको तपती दोपहर मिला।

ज़िंदगी तू सच सच बताना हमें
क्या हम सा कोई हमसफ़र मिला

झूठ लंबी गाड़ियों में चलता है
सच तो नंगे पाँव डगर डगर मिला

अपना दर छोड़ा फिर दर न मिला
कई मकां मिले न कोई घर मिला।

मुसाफ़िर

तेरी आँखों में जो भर आए हैं
मेरे आँसू तुझमें नज़र आए हैं।

बोझिल क़दमों के मुसाफ़िर हैं यहाँ
जाना था कहाँ और किधर आए हैं।

तेरी मर्ज़ी है तू कहीं भी जाए
हम तो तुझमें ठहर आए हैं।

बात अब और न दूर तलक जाएगी
सारे इल्ज़ाम अब मेरे ही सर आए हैं।

तू कहीं भी रहे मुझमें रहेगी हरदम
अपनी जां से उतार तेरी नज़र आए हैं।

तेरी महफ़िल में अब और बचा क्या है
हम तो रात के अख़िरी पहर आए हैं।

कितनी शिद्दत से पुकारा है तूने
ज़िंदगी हम तो तुझ पे मर आए हैं।

किसे आवाज़ लगाऊँ दरवाज़े पे
बाद मुद्दत के लौट के घर आए हैं।

याद आता क्यों है

मुझमें से कोई मुझको बुलाता क्यों है
कोई इतना भी अब याद आता क्यों है।

तू मेरी आँख में है अब आँसू की तरह
रात दिन अपने को ऐसे बहाता क्यों है।

हम तुझे भूल न पाएँगे मुकम्मल है ये
बात ये मुझको तू फिर भी बताता क्यों है।

तेरे पीछे मेरी दुनिया वैसी है मग़र
हर तरफ़ तू ही मुझे नज़र आता क्यों है।

संग निकलेंगे तो कुछ दर्द ही बह जाएँगे
अपने आँसू तू मुझसे छिपाता क्यों है।

तेरी ख़ुशी से ज़्यादा और कुछ भी नहीं
तू बहुत ख़ुश है मगर ये जताता क्यों है।

दुआ

आज की रात तो कुछ ऐसे दुआ हो
हाथ उठाएँ और सामने ख़ुदा हो।

ख़ुद को हिला डुला के देख लेता हूँ
शायद मुझमें भी कुछ बाक़ी बचा हो।

हमने चाहा जो वो पूरा ना हुआ
अब वो हो जाए जो तेरी रज़ा हो।

रात मुझसे मिरी तनहाई ने कहा
इक तुम ही तो मेरी जाने-वफ़ा हो।

हर हथेली पे इक बोसा रख देना
न जाने किस रूप रंग में ख़ुदा हो।

बहुत नम है उसके हिस्से की ज़मीन
मुमकिन है वहाँ एक आँसू गिरा हो।

थोड़ी सी आहट से बरस जाता है
दिल में उसके भी कोई दर्द छुपा हो।

ढंग बाक़ी है

अंतिम नहीं ये हार जंग बाक़ी है अभी
लड़ने का मुझमें ढंग बाक़ी है अभी।

ज़माने की गर्द ने ढक लिया है हमें
फूल हूँ आब ओ रंग बाक़ी है अभी।

ख़ामोशी तूफान की आहट ना हो
दरिया हूँ मैं तरंग बाक़ी है अभी।

इस दुनिया को कैसे अलविदा कह दूँ
एक तेरा तो संग बाक़ी है अभी।

एक रोज़ दुनिया को बदलना होगा
लाखों दिलों में उमंग बाकी है अभी।

मैं उसकी तरह गिर तो सकता हूँ
पर जीने का मुझमें ढंग बाकी है अभी।

प्यार

नफ़रत का एहतराम किया
बस प्यार ने ये काम किया।

सर की कड़ी धूप ओढ़ ली
इश्क़ दोपहर को शाम किया।

सारी कड़वाहट पी गया मैं
इश्क़ ने ज़हर को जाम किया।

रंजिशें बहुत थीं निभाने को
इश्क़ ने सबको सलाम किया।

तुम आँखों से सुनना उसको
मुहब्बत ने जो पयाम दिया।

भला बुरा सब प्यार के सर
मैंने तो इसका काम किया।

तुमने जिसे ख़ुदा माना है
हमने इश्क़ का नाम दिया।

अँधेरा

अँधेरा इस क़दर कि रौशनी त्योहार लगती है
ज़िंदगी गरम मोम का कोई आबशार लगती है।

एक एक पाँव रखता हूँ तो तड़प ही जाता हूँ
ज़िंदगी मुझे तलवार की कोई धार लगती है।

वक़्त की चोटों ने उसे सुर्ख़ कर के रख दिया
ज़िंदगी हथेली पे तपता हुआ अंगार लगती है।

कुछ लोग अपनी ही नज़रों के ठुकराए हुए हैं
ज़िंदगी तेरी रुसवाई उन्हें प्यार लगती है।

प्यार ने ज़िंदगी को एक दरिया बना डाला है
हरेक किश्ती हमीं से होकर अब पार लगती है।

साँसों को किसी कर्ज़ की तरह अदा कर रहा हूँ मैं
ज़िंदगी अपने ऊपर चढ़ा कोई उधार लगती है।

हाथों में फूल और नज़र में ख़ंजर लिये हैं लोग
या ख़ुदा तेरी दुनिया बड़ी होशियार लगती है।

तुम्हारी आँखों पर सियासत का लगा चश्मा है
खिजां की रितु भी दोस्त तुमको बहार लगती है।

दौर

इतना तंग हमने कोई दौर नहीं देखा
अपने सिवा किसी ने कुछ और नहीं देखा

आसमाँ में उड़ने वाले क्या तुमने कभी
हवाओं के बदलने का दौर नहीं देखा

अजीब हुक़्म है ये आसमाँ छोड़ देने का
परिंदे ने तो और कोई ठौर नहीं देखा

बच्चों की थाली से रोटी लूटने वाले
माँ के हाथों में क्या कौर नहीं देखा

फट गई धरती जब एक बेटी ने पूछा
अपमान के सिवा कोई दौर नहीं देखा।

बिछड़ता रहा

ताउम्र बिछड़ने से डरता रहा
ताउम्र मैं सबसे बिछड़ता रहा।

जीता था जिनके लिए जहाँ में
रोज़ उनकी ख़ातिर मरता रहा।

जिसे करना कि बार बार मरना
काम वही रात दिन करता रहा।

जो मुझे छोड़ के जा चुका कबका
उसे ही खोने से डरता रहा।

वो कस्तूरी सा मुझमें बसा है
उसके लिए कितना भटकता रहा।

जाने कब का मर चुका है वो
जान को अपनी क्यों डरता रहा।

घर गृहस्थी की उलझन में कोई
चाँद की तरह बढ़ता घटता रहा।

सवाल

दुनिया की निगाहों से ख़ुद को बचाए कैसे
अना का पत्थर कोई आँख से उठाए कैसे

तेरे दर पर बंदगी दस्तूर बन गया है अब
तुझसे मिलने ग़ैरतमंद कोई आए कैसे

तेरे साथ चलते चलते बिखर गए हैं लोग
ज़िंदगी तुझसे ये रिश्ता कोई निभाए कैसे

मेरी इक नज़्म यहाँ कब से उदास बैठी है
ख़ुशी की बज़्म में इसे कोई सुनाए कैसे

तेरी आँखों को पढ़ लिया है हमने ऐ दोस्त
तेरा ही दर्द तुझको कोई बताए कैसे

साथ चलने और निभाने में फ़र्क़ होता है
मुसाफिर को ये बात कोई समझाए कैसे

शहर में हर शख़्स की आँखों में लहू उतरा है
अब इन आँखों में पानी कोई लाए कैसे

वफ़ा भी कोई साबित करने की चीज़ है 'राज'
सीना अपना चीर कर कोई दिखाए कैसे।

ख़ानाबदोश

ख़ुशकिस्मत हैं वो जो घर में हैं
कितने लोग अब तक सफ़र में हैं।

अलविदा कह के गए जो मुझको
लोग वो अब तक इस नज़र में हैं।

गाँव से हर बार झूठ कहता हूँ
बहुत अच्छे से हम शहर में हैं।

कोई पूछ न ले अब घर का पता
रास्ते हमेशा इस डर में हैं।

एक नयी सुबह के इंतज़ार में
मज़दूर कब से दोपहर में हैं।

गिरती है, बार बार उठती है
आस के सागर इक लहर में हैं।

मैं कहीं भी रहूँ साथ रहते हैं
अरमान मेरे इस शहर में हैं।

इक हूक उठ रही है कलेजे में
हुज़ूर अब भी मेरी फ़िकर में हैं।

नज़्म

मैं और मेरा इश्क़

अजीब दौर है ये उम्र का
मैं और मेरा इश्क़ एक दूसरे से लड़ रहे हैं
और दोनों ही थोड़ा थोड़ा मर रहे हैं
जाने अनजाने जंग हर पल कर रहे हैं
इस जंग में कौन जीतेगा पता नहीं
पर इश्क़ न रहा तो मैं न रहूँगा
और ये भी कि मैं रहूँ न रहूँ पर इश्क़ रहेगा
मेरी मार डालने की तमाम कोशिशों के बावज़ूद
ये बच ही जाएगा
मेरे नहीं तो तुम्हारे पास
तुम्हारे नहीं तो किसी और के पास
फिर से किसी को मारने को किसी को तारने को
बीज बनकर उतर जाएगा किसी नम ज़मीन में
भर जाएगा किसी आँख में आँसू बनकर
ढल जाएगा किसी सीने में दिल बनकर
मेरे और इश्क़ की इस जंग में
हो सकता है मुझमें इश्क़ मर जाए
या फिर इश्क़ में मैं मर जाऊँ
मैं तो बस ये चाहता हूँ कि

ग़र इश्क़ जीता तो इसे उठा लेना कंधे पर
और अगर मैं जीता तो निकाल लेना इसे मेरे सीने से
फिर से खड़ा करना खाद पानी देकर
रोप देना किसी सीने में फिर धड़कने को।

रंग बदलता चाँद

ख़्वाहिशों की तरह बढ़ता है
उम्मीदों की तरह चढ़ता है
ये चाँद आसमान में नहीं
मेरे दिल में रहता है।

ग़रीब की रोटी की तरह घटता है
बेवा की जवानी सा उतरता है
हक़ीक़त की ज़मीन पे चाँद
कुछ यूँ रंग बदलता है।

खिलौने सा टूटता है
बच्चे सा रूठता है
बचपन में चाँद
बस्ते से निकलता है।

चूड़ी सा खनकता है
मेहँदी सा महकता है
पहली मोहब्बत का चाँद
टीस बनके कसकता है।

शराबी सा बहकता है
चिड़ियों सा चहकता है
ख़ुशियों में ये चाँद
आँखों से छलकता है।

बाँहों में मचलता है
साँसों में पिघलता है
प्यार भरी रातों में
चाँद छत पे सिमटता है।

गजरे सा महकता है।
होंठों से छलकता है
सावन की रातों में
चाँद बूँदों सा टपकता है

कितने दाग़ सहता है
रात दिन आग में जलता है
कुछ लोगों के जीवन में
चाँद ग्रहण सा लगता है।

दहलीज़ पर मुहब्बत

रोजी रोटी के चक्कर से छुड़ाऊँ कैसे
ऐ मुहब्बत तुझे घर अपने मैं लाऊँ कैसे।

हर एक पल कशमकश में जिया है मैंने
ज़िंदगी तुझको तो नश्तर से सिया है मैंने
अब इसे आँचल मैं तेरा बनाऊँ कैसे
ऐ मुहब्बत तुझे घर अपने मैं लाऊँ कैसे

उम्र तो वक़्त के पहिए सी कटी जाती है
ज़िंदगी साँस दर साँस घटी जाती है
वक़्त को इश्क़ का नाज़िर मैं बनाऊँ कैसे
ऐ मुहब्बत तुझे घर अपने मैं लाऊँ कैसे

एक तरफ़ चाँद है, तारे हैं, सभी प्यारे हैं
एक तरफ़ आग है, राख हैं, अंगारे हैं
आह को इश्क़ की राह बनाऊँ कैसे
ऐ मुहब्बत तुझे घर अपने मैं लाऊँ कैसे

मुहब्बत भी शहंशाहों के सिर का ताज हो गयी
आह भी किसी की ग़ज़ल का साज़ हो गयी
इस साज़ को तेरे होठों पे सजाऊँ कैसे
ऐ मुहब्बत तुझे घर अपने मैं लाऊँ कैसे

धुंध

रात कितनी भी जगमग सही
पर सवेरा तो चाहिए
ज़िंदगी में कुछ धुंध
कुछ अँधेरा तो चाहिए

आसमाँ में कब तक उड़ेंगे
धूप से कब तक लड़ेंगे
कुछ दरख़्तों को अब तो बचाइए
परिंदों को इक बसेरा तो चाहिए

मंदिरों, मसजिदों की सीढ़ियाँ ऊँची बहुत हैं
धर्म ने दीवारें खीचीं बहुत हैं
मैकदों पे यूँ न तोहमत लगाइए
काफ़िरों को आसरा तो चाहिए

अक़्लमंदों के ठिकाने बहुत हैं
देश में मैकाले की दुकानें बहुत हैं
कहीं कबीर को भी ज़िंदा रहने दीजिए
अनपढ़ों को कुछ सहारा तो चाहिए

जीने को गलतफहमियाँ, हँसने को बेवक़ूफ़ियाँ
याद आने को दूरियाँ भी हैं ज़रूरी
और फिर तरक़्क़ी को दायरा तो चाहिए
ज़िंदगी में कुछ धुंध कुछ अँधेरा तो चाहिए।

ख़्वाब बाक़ी हैं

ज़िंदगी तुझसे हिसाब बाक़ी है अभी
मेरी आँखों में ख़्वाब बाक़ी है अभी
माना कि पंख कट गए मेरे
पर हौसलों में परवाज़ बाक़ी है अभी

वक़्त भी उस पाले में जाकर मिल गया
भरोसा भी नज़र से हिल गया
दुश्मनों से तो बराबर हो गया
दोस्तों का हिसाब बाक़ी है अभी

जो ग़ैर थे सब के सब मददगार निकले
वक़्त आने पर अपने ही बेज़ार निकले
ग़ैरों का शुकराना अदा कर दिया
अपनों का हिसाब बाक़ी है अभी

हिसाबी इन दिनों हो गयी है मधुशाला
कहीं लबरेज़ तो कहीं खाली है प्याला
मुझे साक़ी से कोई शिकवा नहीं
पर इस प्यास का हिसाब बाक़ी है अभी

हाथ कट भी जाएँ, नज़र शमशीर बन जाएगी
मेरी हिम्मत नज़ीर बन जाएगी
तुम तख़्तो ताज की बात करते हो
दिलों पर हुकूमत बाक़ी है अभी

ख़ुदा मेरी बंदगी का ये सिला देना
मेरे जख़्मों को यूँ ही खुला रखना
मेरे ग़म को 'मज़ाज़' सा कर देना
मेरी ग़ज़ल में जान बाक़ी है अभी

ज़िंदगी तुझसे हिसाब बाक़ी है अभी
मेरी आँखों में ख़्वाब बाक़ी है अभी
माना कि पंख कट गए मेरे
पर हौसलों में परवाज़ बाक़ी है अभी।

हाथों से गिरा चाँद

कभी आसमान से टूटकर
कभी तारों से रूठकर
जो गिरा वो चाँद था
मेरे हाथों से छूटकर।

सँभाला बहुत इन बाँहों में
जाने कौन सा मोड़ आया राहों में
ना आया फिर वो लौटकर
जो गया वो मुझसे रूठकर।

आख़िरी बार जब उसे छुआ
महसूस कुछ ऐसा हुआ
इतना सर्द इतना सफ़ेद
चाँद में भर गया बर्फ़ कोई कूटकर।

तू आसमान की आन है
मेरे जहाँ की जान है
आ जाओ फिर लौटकर
तुझे चाहा है मैंने टूटकर।

आस

एक तारा आसमाँ से टूटता है
एक अरमाँ हथेली से छूटता है
ओस की एक बूँद रुकती है लबों पर
एक मोती समंदर से फूटता है।

आस उड़ती है पतंगों की तरह
साँस चलती है तरंगों की तरह
एक रिश्ता दहलीज़ पर ठिठका हुआ
बात इतनी कि वो अब भी रूठता है।

अख़बार के पन्नों पे बिखरी हुई है
न जाने किन आँखों में अखरी हुई है
ज़िंदगी फिर भी दरीचों से झाँकती
एक झरना मुझमें ही जैसे फूटता है

एक दोपहर सूरज जैसे छिल गया
रौशनी के ताप से जैसे जल गया
एक छाँव रेत में ठहरी हुई थी
चाँद जैसी बर्फ़ कोई कूटता है।

माना कि ख़्वाहिशें सब चुक गईं
माना कि बारिशें सब रुक गईं
एक टुकड़ा बंजर कुछ सीला हुआ
एक बीज मन में फिर फूटता है।

नाज़ुक बातें

कुछ बातें नाज़ुक होती हैं
इनको दिल में ही रहने दो,
हर बात तुम्हीं पे आएगी
बेहतर दिल को चुप रहने दो।

हर नज़र तुम्हारे ऊपर है
इल्ज़ाम तुम्हारे सिर पर है,
इस तरफ़दार दुनिया में
तुम अपनी सफ़ाई रहने दो।

उड़ने दो अपने आँचल को
उम्मीदों के बादल को,
ये पिंजरों के सौदागर
अब इनकी इजाज़त रहने दो

पानी रुका तो सैलाब बनेगा
टूटा हुआ सा ख़्वाब बनेगा,
जो कहीं उमड़ता है अंदर
उस दरिया को तुम बहने दो।

देखो इन बढ़ती राहों को
कामयाबी की बाँहों को,
आगे बढ़ने की ख़ातिर
इन रस्मों को तुम ढहने दो।

सुबह

ये सुबह कुछ ख़ूबसूरत सी है
बिलकुल मेरी ज़रूरत सी है
कुछ ये जल्दी में कुछ मैं देर से
बिलकुल मेरी मुहब्बत सी है।

ये दोपहर पत्थर की मूरत सी है
किसी मज़दूर की सूरत सी है
इसे पसीना चाहिए और लहू भी
बिलकुल मेरी क़िस्मत सी है।

ये शाम ग़ालिब के कलाम सी है
कभी हराम तो कभी जाम सी है
आधी अधूरी ख़्वाहिशों को सँभाले
मुट्ठी में फिसलती रेत सी है।

ये रात सूफ़ी की जवानी सी है
भटकी बहकी कहानी सी है
ढलती तो है कटती नहीं है
कभी इनायत कभी क़यामत सी है।

वो सुबह कब आएगी

बरसों हुए जैसे रोए हुए
कहीं तुम कहीं हम हैं खोए हुए
कहते सुनते हैं पर बात नहीं होती
इस शहर में कभी रात नहीं होती।

लैपटाप से लिपटे हाथ अभी भी नरम हैं
हथेली के इंतज़ार में पेशानी अभी भी गरम है
अब तो मोबाइल से ही हालचाल मिल पाता है
फ़्लैट का दरवाज़ा बाहर की चाबी से ही खुलता है।

काश ये नज़रें कभी टारगेट से हटतीं
बैलेंस शीट से कभी ख़ुशियाँ निकलतीं
चारों ओर आँकड़ों का तिलस्म गहरा है
वर्कर की हँसी पर टारगेट का पहरा है।

फ़्लैट से चाँद देखने में रिस्क है
ख़ुश रहने का टाइम फ़िक्स है
ज़िंदगी ऐसे ही मेट्रो में कट जाएगी
तुम्हारी आएगी तो मेरी स्टेशन से जाएगी।

लेकिन कहानी ऐसे ख़त्म न हो तो बेहतर
लाखों लोगों की आहों में कुछ हो तो असर
ज़िंदगी कभी तो सचमुच मुसकुराएगी
बकौल साहिर, वो सुबह कभी तो आएगी।

नादान

हर क़दम इम्तिहान है
पर वो बंदा बड़ा नादान है।
ये बाज़ारों का दौर है
ख़रीद-फरोख़्त का मचा शोर है
रिश्तों की सजी दुकान है
पर वो बंदा बड़ा नादान है।

सबके सब प्रोफ़ेशनल हो गए
बहेलिए भी इमोशनल हो गए
मार्केटिंग के फंडों में तड़पती
रूह अब बेईमान है
पर वो बंदा बड़ा नादान है।

गर्मजोशी से मिले वो हाथ बड़े सर्द थे
सहारे को मिले जो कंधे बड़े बेदर्द थे
हर तरफ़ बेजान सी जान-पहचान है
पर वो बंदा बड़ा नादान है।

कुछ दस्तूर था
फिर ज़िंदा रहना भी ज़रूरी था
सो समझौतों के साँचों में ढलता रहा

ज़मीर भी थोड़ा-थोड़ा पिघलता रहा
फरमे में फिट होकर जो निकला है
वो बंदा अब इंसान नहीं शैतान है।

आधा चाँद

ज़िंदगी मुझे आधे चाँद सी लगती है
आधे वक़्त पूरा होने की ख़्वाहिश
आधे वक़्त ख़ुद को बचाने की कोशिश
हर वक़्त कशमकश सिर्फ़ कशमकश

मैं अपने हिस्से का आधा चाँद लेकर रोज़ आता हूँ छत पर
इस इंतज़ार में कि कभी तो तुम आओगी
अपने हिस्से का चाँद लेकर अपनी छत पर
और हम देखेंगे पूरणमासी की रात

आधे चाँद के डोले से हर रात गिरते हैं सपने
जो देखे थे हमने और तुमने
लेकिन ज़िंदगी हमेशा पालकी में नहीं चलती है
हर डोली कहीं तो उतरती है

मुझे टूटा चाँद भाता है
ये लंबा साथ निभाता है
पूर्णिमा या अमावस एक रात के साथी हैं
बाक़ी तो टूटे चाँद की दोस्ती ही काम आती है।

छूट जाता हूँ

जब भी जाता हूँ कहीं से
थोड़ा सा छूट जाता हूँ वहीं पे
थोड़ा सा रखा हूँ अब तक मिट्टी के आले में
थोड़ा सा टँगा हूँ गाँव वाले घर के ताले में
किताब जैसा सीला सा महकता हूँ बस्ते में
साइकल सा दौड़ता हूँ स्कूल के रस्ते में
कालेज कैंटीन की चाय में अब तक घुला हूँ
लाइब्रेरी में किताबों के पीछे अभी अभी तुम से मिला हूँ
पहले नियुक्तिपत्र में अब तक सँभल रहा हूँ
आख़िरी त्यागपत्र से अब भी निकल रहा हूँ
किराए के कितने घरों में मेरे निशान हैं
चिट्ठियों में कई पते मेरी पहचान हैं,
बीते साल के कैलेंडर में दर्ज़ हूँ
आने वाले वक़्त पर एक फर्ज़ हूँ,
सच कहूँ बड़ी सख़्त जान है इंसान भी
कितनी भी दूर चला जाए मगर
छूट ही जाता है थोड़ा सा
आँख में, हाथ में, साँस में।